Des clins d'yeux dans la nuit

Poèmes méditatifs
suivi de
PETIT PAS-DE-DEUX

23 octobre 2013

À mes chers amis Micheline et Richard

Que cette lecture partage notre chemin d'aventure intérieure et de fraternité

Des clins d'yeux

dans la nuit

Poésie

Suivi de

PETIT PAS DE DEUX
Parabole

Casavant

Richard Casavant

Copyright © 2013 by Richard Casavant.

ISBN: Softcover   978-1-4836-4978-8
         Ebook   978-1-4836-4979-5

All rights reserved. No part of this book may be reproduced or transmitted in any form or by any means, electronic or mechanical, including photocopying, recording, or by any information storage and retrieval system, without permission in writing from the copyright owner.

Tous droits de traduction, de reproduction et d'adaptation réservés pour tous pays.

This book was printed in the United States of America.

Rev. date: 08/01/2013

To order additional copies of this book, contact:
Xlibris LLC
1-888-795-4274
www.Xlibris.com
Orders@Xlibris.com
121706

Table des poèmes

1. Il était un roi si pauvre 13
2. Fragments épars 14
3. Pourquoi Dieu pleure-t-il ? 15
4. De profondeur en profondeur le Silence 16
5. Maître de rien 17
6. Avoir l'esprit et le coeur fermés 18
7. Du fond de notre misère radicale 19
8. Mais qui attend ? 20
9. Une attitude de sobriété nous libère de tout esclavage 21
10. Ciel vide et sans écho 22
11. Prière signifiante 23
12. Acte d'adoration et d'amour charitable 24
13. Une grande joie ne peut s'oublier 25
14. Si notre coeur ne vibre pas 26
15. La prière comme poème jaillit 27
16. Toi qui jaillit des profondeurs 28
17. Dans ta robe pastorale 29
18. J'ai pour toi une si bienveillante sollicitude 30
19. Grâce aux eaux lustrales 31
20. Ta présence est un parfum si subtil 32
21. Il y a si longtemps que j'erre sur d'interminables chemins 33
22. Je m'abreuve à ton sourire d'innocence 34
23. Comme au premier jour 35
24. Il ne suffit pas d'honorer 36
25. Toi, ma source de vie 37

26. Ma brebis coure toujours je ne sais où ? 38
27. Simple arithmétique ! 39
28. Sans commencement 40
29. Tu m'as dit: 41
30. Dans une grande tendresse ce dernier souffle 42
31. Faille, fissure où tout se dissout 43
32. Sans retour en nous-mêmes 44
33. Jaillissant de sa propre source 45
34. Dépossédé à tout jamais 46
35. Déposer 47

Parabole

Petit Pas-de-deux

*Au révérend Père Jean-Paul Roy, m.s.a.
en hommage d'affectueuse vénération*

Bibliographie

Symphonie en blues (poésie) 1965
Le Matin de l'Infini (poésie) 1967
POÈMES 1965-1975 (poésie) 1978
Les Sentinelles de l'absence (poésie) 2013

RICHARD CASAVANT, poète canadien, a écrit ***Des clins d'yeux dans la nuit*** et ***Petit Pas-de-deux*** à Saint-Maurice en Valais, Suisse entre le 30 août et le 30 novembre 2010.

Des clins d'yeux dans la nuit

Il était un roi si pauvre

qu'il n'avait que Parole
à donner à ses sujets…

Parole Vivante !

Fragments épars ...

au sein de la tempête
l'origine du silence

Nos yeux à bouts
d'éternité.

Pourquoi Dieu pleure-t-il ?

La langue des larmes parle
    Toutes les langues

        Elle nous dit
                la Tendresse de Dieu.

De profondeur en profondeur le Silence

Nous mène de sommet en sommet
Vers une richesse plus grande encore
Très riche dans notre pauvreté totale
Puisque Tout est don
Surtout don de la vie
Et je n'y suis pour rien

Je suis l'éphémère

Maître de rien

Mains vides et conscience libre
De pouvoir tout abandonner
    Pour Tout recevoir.

Avoir l'esprit et le coeur fermés

Nous rétréci en objet jusqu'au fond
De nous même.

Apprendre à déposer…

Du fond de notre misère radicale

Offrir deux mains et un coeur
grand ouvert
Une foi accueillante
À l'inconnu
À l'inattendu.
    À Lui.

Mais qui attend ?

Souffrant d'amour
À la porte du coeur
Il attend,
En souffrant de la souffrance
    De chacun.

Une attitude de sobriété nous libère de tout esclavage

des signes qu'on se met devant soi
qui deviennent barrière entre Lui et nous
Présence si simple et complexe
si proche et inconnue
sans **L**'emprisonner de corps, de pensée ou d'esprit.
Le silence intérieur est notre point de rencontre
    Vers Lui
        En Lui
            En Nous.

Ciel vide et sans écho

Visons le plus profond en nous-même
Avec un coeur soutenu
Jusqu'à la racine de toutes choses
Pénétrer cette ultime profondeur.

Prière signifiante

Paroles dignes de vous et de Lui
   Qui expriment véritablement
     Ce que nous sommes
   En notre intérieur sacré.

Acte d'adoration et d'amour charitable

        Avec toute l'attention lancinante
        De la soif éperdue de Lui
        Comme les amoureux en détresse
        De ne pas être
                ensemble.

Une grande joie ne peut s'oublier

Toute la journée avec ce sentiment
De la Présence avec respect et adoration
Au plus intime de nous-mêmes
Sensible, vulnérable et timide
Comme rose et renard du Petit Prince.

Où portes-tu donc ton attention !

Si notre coeur ne vibre pas

Aux paroles de nos lèvres
Elles ne seront entendues de Lui.

La prière comme poème jaillit

Cri du fond de son désespoir
De sa misère
De sa solitude
Que Lui seul peut sauver.

La prière comme poème jaillit

Forgée aux significations multiples
Danse en notre vie et notre coeur
Conscience fébrile de joie, d'adoration
Coure l'aimante à la rencontre de l'Aimant

Toi qui jaillit des profondeurs

De l'âme
Mes mots et gestes
Ne parviennent pas à T'exprimer
Au-delà des courbatures, de la fatigue, de la douleur
Un simple "je t'aime" en vérité
Qui résonne de vie en nous.
Ouvert et disponible.

Dans ta robe pastorale

L'avènement de notre premier regard
Parmi la fraîcheur de la brise
une fine pluie
Un baiser communiant aux eaux tranquilles
Me fait revivre l'intime jubilation de notre promesse
Murmure contemplé de notre
Amour.

J'ai pour toi une si bienveillante sollicitude

Malgré mes chemins d'errance
De par l'obscure traversée de la nuit
Quittant ta paisible nudité.

L'immense pierre a roulé
Ta couche désertée
Est-ce vraiment Toi
Qui abreuve ma soif
De Te connaître, de comprendre ?

Que le feu nous saisisse de Toi.

Grâce aux eaux lustrales

Je reviens toujours vers toi
À toi
En toi dans le sacrement de l'amour révélé
Ton jour et ma nuit se connaissent resurgés
Ton regard émerveillé n'est que bonté
Je renais à la ferveur juvénile
Je renais de ta miséricorde
Je prend le jour à témoin de ton pardon.

L'éclatement de l'aurore annonce
    La célébration
        de notre amour renouvelé.

Ta présence est un parfum si subtil

Qui réveille en moi les mots
familiers de ton amour
Tu allumes ta flamme si discrète en mon coeur.

Il y a si longtemps que j'erre sur d'interminables chemins

Te cherchant à chaque instant,
Suis-je oublié à jamais ?
Es-tu perdu pour toujours ?
Que la grâce nous réunisse rassurés et consolés
    Des larmes de ton absence
                      imaginée.

Je m'abreuve à ton sourire d'innocence

Demeurons dans la simplicité de l'amour
Dans le chant tranquile de nos respirations
Invitant le bonheur et la gratitude.

Viens,
Viens boire le vin nouveau
De notre Alliance.

Comme au premier jour

Célébrant notre humble promesse d'avenir
Je me perdrai dans l'éclat de tes yeux
Tissés d'éternité.

Il ne suffit pas d'honorer

Nos souvenirs entrelacés de promesses
À venir dans nos mémoires estampillées
Avec la conviction du monde à venir.

Toi, ma source de vie

Que n'entends-tu pas
De mes rêves ensevelis ?
Que ne vois-tu pas
De nos promesses en allées ?

Ma brebis coure toujours je ne sais où ?

        Que veut-elle sous des cieux nouveaux ?
        Comment dois-je ressuciter à son coeur ?
        Et moi,
                    de la réconforter ?

Simple arithmétique !

Un égale un
Deux égalent un
Trois égalent **Un**

Et moi
        Saurai-je compter
                Pour Toi ?

Sans commencement

Est toujours
Sans fin
    Vortex d'Amour Infini.

Tu m'as dit:

"Plus que la Joconde,
Ma plus belle créature la voilà !

Regarde dans le miroir pour voir !"

Dans une grande tendresse ce dernier souffle

Dernier offertoire d'amour accompli
Ne plus subir l'absence mais offrir l'amour
À l'origine de la Présence unique
Ne plus vivre seul
Ne plus mourir seul dans la traversée sans Toi
    Qui me guide et m'accompagne.

Merci, je ne serai plus jamais seul.

Faille, fissure où tout se dissout

Inséparable réalité dans ses propres éléments
Restent présents éternellement vivants
Que rien ne puisse atteindre.

Sans retour en nous-mêmes

Accéder à la brèche incorruptible
Avec un coeur de suprême innocence
Ah !
   Mourir d'une vie d'amour total !

Jaillissant de sa propre source

Pour connaître le vrai trésor de pauvreté radicale
Cherchant à connaître le visage révélé
Jusque dans ses propres racines incandescentes.

Dépossédé à tout jamais

Dépossédé à tout jamais dans mes propres profondeurs

J'entre dans Ton Mystère singulier
Je porte en moi Tes mortelles blessures
Nourri de l'offrande de Ta Vie.

Ô Mystère !

Déposer

Que faire ?
Comment Être ?
Qu'est-il à faire ?
Pour changer ou accepter
Ce corps brisé de douleurs intenables ?
Seigneur,
que veux-tu que je fasse ?

"Déposes-le
à mes pieds
sur la croix"

Petits Pas-de-deux

Parabole

Petit Pas-de-deux
Parabole

Différemment belle !
L'eau de la source éclairait son visage
    magnétique
S'il te plaît, donne-moi à boire...
    Je n'ai rien, je suis pauvre !
De l'eau, c'est parfait.
    Ça c'est possible.
Comment ça va ?
    Ouf ! Ça n'arrête jamais ! Il y a tant à faire ! Depuis qu'il m'a quitté, je suis seule au monde à part mes vieux parents et mes enfants. Ça va être quoi mon avenir ? Il y en a qui n'ont même pas ça. Je suis toujours pressée et ça me stresse !
Qu'est-ce qui t'empêche de ralentir un peu et prendre soin de toi ?
    Je ne sais pas comment.
Il y a courir et il y a la marche forcée comme outil de conditionnement. Puis il y a la marche comme ouverture. Cette ouverture peut t'amener à t'asseoir dans le calme et t'ouvrir à toi-même. Avant de prendre soin des autres, de leurs besoins, de leurs désirs, de leurs attentes, il est nécessaire de prendre soin de soi. Ouvres-toi à un moment de paix véritable en allant à la rencontre de toi-même.
    Je ne sais pas ce que c'est, ni comment le faire. Est-ce comme prier ? Je suis croyante mais pas pratiquante…

Il n'y a rien à faire. Va dans le silence à l'intérieur de toi.

Ça m'énerve déjà... Et qu'est-ce que je fais là, attendre ?

Ressens ta respiration et écoutes ton souffle. Suis-le jusqu'au plus profond de toi-même. Écoutes aussi avec tes yeux intérieurs le doux murmure de ton coeur.

Et ensuite ?

Patience, continue à suivre ta respiration. Prends-en conscience. Elle va t'envelopper, te respirer. Écoute... ce que tu entends, regarde... ce que tu vois, ressens... ce que tu ressens.

Puis après ?

Laisse-toi respirer. Entre dans ce mouvement d'inspir, d'expir et laisses-toi guider.

Me laisser guider par qui ou par quoi ?

*Par ce **Souffle** de douceur en toi et qui nous unis tous.*

Je ne l'ai jamais ressenti.

Il a toujours été là.

Pourquoi je ne le sais pas ? Comment le reconnaître ?

T'es-tu déjà arrêté pour vraiment écouter ? Écouter à l'intérieur de toi et laisser venir au-delà des nuages, parfois des tempêtes, de pensées qui viennent et qui passent sans qu'on les retienne. Simplement écouter et observer ces pensées sans t'y accrocher ?

Pas vraiment. Je ne le pense pas. Je ne sais plus...

Tu peux commencer maintenant.

Mais, j'ai trop à faire ! Ça m'obsède !

Si tu t'aime, prends le temps.

Oui... je m'aime ! Mais...

Vraiment ? Alors pourquoi coures-tu tout le temps ?

Mais, pour compléter tout ce que j'ai à faire. Tout ce que je veux accomplir. Être la meilleure.

Qui te demande tout ça ?

Tout le monde !

Qui en particulier ?

Heu… d'accord ! Je pense que j'ai peut-être une petite partie de ça qui m'appartienne. Serais-je un peu en compétition avec moi-même ? J'aime la sensation de performer, de gagner. C'est excitant ! Puis les autres m'apprécient. C'est comme une drogue… contre la souffrance, l'incertitude, peut-être la…peur ?

Cette sensation te dure combien de temps ? Puis après, que se passe-t-il ? Pourquoi au juste coures-tu ?

Comme j'ai dit, je veux être meilleure dans la compétition de la vie et que les autres soient fiers de moi et surtout qu'ils m'aiment.

Comment comptes-tu y arriver ?

En étant heureuse et en m'y employant de toutes mes forces, de toutes mes énergies. Je suis une battante. Je veux être une gagnante.

Qu'est-ce qui te rend heureuse ?

Que l'on m'aime et que j'aime.

Qui veux-tu vraiment aimer ?

Qui ? Je ne sais pas. À part de mes proches que j'aime beaucoup, je ne l'ai pas encore vraiment trouvé.

Qui veux-tu rencontrer ?

Qui ? Qui ? Qui ? Mais l'amour de ma vie !

Tu l'as déjà, là en toi.

Non, mais ça ne va pas ? Pourquoi toutes ces questions ? Ça m'agace ! Changeons de sujet, veux-tu ?

As-tu déjà aimé ?

Oui, bien des fois ! Surtout une fois qui m'a presque complètement détruite !

Qu'est-ce qui c'est passé avec cet amour ?

Ouf... Je croyait avoir trouvé. Ça n'a pas duré. J'ai toujours été déçue. Ça ne marchait plus après un certain temps. J'ai été trompée, blessée... J'ai eu trop mal... J'en ai pleuré toutes les larmes de mon corps et pour longtemps.

Pourtant, je veux être heureuse et avoir du bonheur. Trouver quelqu'un qui me rend enfin heureuse. Hum... c'est peut-être pour ça que je coure tout le temps jusqu'à ce que je tombe de fatigue pour arriver à ne plus penser et pouvoir dormir. Même là...

Est-ce ainsi que tu veux continuer à vivre ta vie ?

Jusqu'à ce que je trouve l'amour de ma vie. Je pensais l'avoir trouvé. L'amour avec un grand **"A"**.

*Tu **l**'as déjà.*

Impossible ! Qui ? Où ? Comment ça ?

Il est toujours là, avec toi.

Ah non ! Ça ne va pas recommencer !

*L'**Amour** a toujours été avec toi. Il suffit de dire "**oui**".*

Tu veux blaguer ?

IL t'aime depuis toujours.

Je ne comprend pas. Qu'est-ce que tu me racontes ?

*Depuis toujours, **tu es aimée**.*

...

***Je** t'attends !*

Écrit la nuit du 28 au 29 octobre 2010 à Saint-Maurice en Valais, Suisse.

CPSIA information can be obtained at www.ICGtesting.com
Printed in the USA
LVOW13s0759300813

350060LV00001B/49/P

9 781483 649788